霊活のすすめ

徳永康夫

たま出版

はじめに

「就活《しゅうかつ》」、「婚活《こんかつ》」、「妊活《にんかつ》」が若者のあいだで活発ですね。中高年のあいだには、人生の終末を迎える準備の「終活《しゅうかつ》」も登場してきました。そして、今日、私が提案する「霊活《れいかつ》」は「霊」が主役なのです。

「霊」とは、もちろん霊魂の「霊」のことですし、幽霊の「霊」のことでもあります。ですが、死んで「霊」になった後のことではありません。生きている人が前向きに、望む人生を実現するために、「霊活」をおすすめするのです。

最初にお断りしておきますが、これは宗教のお話ではありません。純粋に科学的に、と言うより、科学を超えたレベルで真実を探求するお話ですので、科学的にお聞きください。

まず、結論から言いましょう。私たち人間の**正体**は「霊」なのです。もう少しくわしく言うと、「霊と魂」なのです。霊と魂は一体となって活動していますので、ここでは、とりあえず、「霊」ということでお話を進めましょう。

私たちの目には肉体しか見えていませんので、肉体がすべてと考えている人も多いようです。しかしながら、私たちの肉体には、例外なく、「霊」が宿っています。いや、この表現は正しくありません。**「霊」が肉体をまとっている**と言うのが科学的に正しい表現です。つまり「霊」が主人公なのです。肉体はいわば、主人公である「霊」が運転する車のようなものなのです。

にわかには信じられませんね。では、本当に私たちの正体は「霊」なのか、肉体は「霊」が運転する「車」なのか、これから、ドキドキワクワク、真実探しの探検をはじめましょう。

目次

第1章　「霊活」とは何をするのでしょう

「霊活《れいかつ》」とは、「霊」の存在を正しく理解して、日常の出来事を、肉体の側《がわ》からだけでなく「霊」の立場からも判断し、前向きに考え、行動していくことです。そして、幸せを感じる人生を実現するための活動です。

「霊活」をわかりやすくするために、その反対を「体活《たいかつ》」と名づけましょう。「体活」とは、「霊」のことはほとんど考えることなく、肉体を主役に置いて物事を考え、行動する生き方です。
「霊活」を実行すると、人生が明るくなり、幸せになりますし、健康にもなるのです。さらに、何と、死ぬのも怖くなくなるのです。と言うより、死んでからの「霊魂ライフ」も楽しみになってくるのです。「霊魂ライフ」があるなんて、ビックリですね。

これから、順を追って、ドキドキワクワク、宇宙の真実をご一緒に探検しましょう。そうすると、私たちすべてが、一人の例外もなく大宇宙を舞台に活躍している「霊魂」という存在であるということもわかって、おおらかな気分になります。

第2章　科学はなぜ、「霊」や「魂」を、避けているのでしょう

「霊」や「魂」のことを、宗教の問題だ、科学とは関係ないとか、迷信だなどと考えている人もいるかもしれません。ですが、その根拠は何でしょう。**学校の先生や親に言われたこと**を、そのまま鵜呑《うの》みにしているだけではありませんか。先生や親は、「霊」や「魂」が本当に存在するのか、しないのか、などについて、証拠を挙げて説明してくれましたか。「迷信だ、心の問題だ、精神世界や宗教の問題だ」と決めつけるだけで、科学的な説

明はなかったのではありませんか。

私たちが教わった科学は、宇宙のすべての真実を追求する学問のはずです。なぜ、「霊」や「魂」は例外なのでしょう。それだけではありません。「神」も例外になっています。科学で、「神はいるとか、いないとか、いるのなら、こういう存在である」という科学的な説明がなぜないのでしょう。

実は、科学は欠陥のある学問なのです。学校で教えている科学は、目に見えるもの、計測器で測れるもの、人間の手で再現できるものだけしか対象にしていませんので、目に見えない世界の「霊」や「魂」は手に負えないのです。ですから、科学は、「霊」や「魂」や「神」などについては、**非科学的**などとして、説明から逃げているのです。

「霊」や「魂」は、実際には、科学的な存在なのです。地球科学レベルで解明できないだけの、超科学的な存在という言い方がよいでしょう。

第3章　あなたは「肉体派」、それとも「霊魂派」

最近は、「霊魂」の存在をうすうす感じている人も増えてきたようです。このような人々は、「人間は肉体だけの存在ではなく、肉体に霊魂が宿っているらしい」と考えているようです。実は、この考え方は、主《しゅ》と客《きゃく》がひっくり返っています。正しくは、**霊魂が肉体をまとっていると**、霊魂を主役に置くことが重要なのです。

「同じことでは?」と思われるかもしれませんが、肉体を主人と考えるか、霊魂を主人と考えるかは、天動説（太陽が地球の周りを廻っている）と、地動説（地球が太陽の周りを廻っている）くらいに違うのです。ご説明しましょう。

ここで仮に、**肉体を主人と考える人**を「肉体派」とし、**霊魂を主人と考える人**を「霊魂派」としてみましょう。

（1）たとえば、「幽霊」について考えてみましょう。

「肉体派」は「幽霊」を、迷信とか、怖いもの、不思議なものなどととらえることでしょう。

「霊魂派」は、すべての人の正体が霊魂であることを知っています。ですから、「幽霊」は、肉体を持っていないだけの、私たち**霊魂仲間**の一人、いわば**霊友**《れいとも》だと考えます。

ですから、怖くも、不思議とも思いません。「幽霊」は、肉体を失った（死んだ）ことをわかっていない、かわいそうな人と考えます。いつまでも、「この世」（三次元の世界：註1）にこだわっていないで、早く霊魂の故郷《ふるさと》である、「あの世」（霊界、五次元以上の世界）に行けばいいのに、などと考えるでしょう。

（註1）「三次元」＝たて×よこ×高さ（空間と質量）のある世界。「三次元＋時間」を「四次元」と言います。

（2）では、次に「死ぬこと」について考えてみましょう。

「肉体派」にとって、死ぬことは怖いことです。死んだらすべてが終わりだと考えているからです。

「肉体派」の人が突然の事故などで死んでしまうと大変です。死んでも、ちゃんと手も身体もあるし、見えるし、聞こえるからです。何よりも、イキイキと考えている自分が存在しているので、死んだとは思えないのです。実は、この状態は幽体といって、霊体になる前の段階なのですが、そのようなことは知らないので、三次元の世界に戻ろうとしてその場に居続けたり、うろうろ、あちこちをさまよったりしてしまうのです。

つまり、**地縛霊**《じばくれい》や**浮遊霊**《ふゆうれい》になってしまうことがあるということです。

実例を挙げましょう。2011年3月11日の東北大震災が起きたあと、地元の住民のあいだでは、幽霊の目撃談があいついでいました。東北学院大学の工藤優花さんはこの幽霊現象に真正面から取り組み、何か月もかけて現地で聞き取り調査をして「被災地のタクシードライバーの幽霊現象」というテーマで卒業論文を書きました。

津波で2万人近くの人々が一瞬にして呑み込まれ、亡くなったのです。彼女がインタビューした100人のタクシードライバーのうち、半数近くの人が幽霊体験をしたといいます。そのうちの数人が、「季節外れの服を着た人（幽霊）を乗せた」とはっきり証言し、後で集計した1日の売り上げも、その乗客の分だけ不足していたとのことです。

あるタクシードライバーの話では、乗り込んできた客が指定した場所は、津波でさらわれ、何もない更地《さらち》なので、不審に思ったそうです。そして、目的地に着いて振り向いたら、その客は消えていました。

また、あるタクシードライバーは、「お客さん、そこは更地で何もありませんよ」と言ったら、「私は死んだのですか？」と聞かれ、驚いて振り向いたら消えていた、というような体験を語っています。

現地の人々への聞き取り調査は難航《なんこう》したそうです。**幽霊に会った**と言うと、笑われるんじゃないかとか、不謹慎《ふきんしん》と取られるのではないかという思いを持っている人が多かったからのようです。実は、幽界（霊界の手前の、幽体の存在場所）と私たちのいるこの世（三次元）とは接しているので、このようなことが起きるのです。

「肉体派」に対して「霊魂派」は、私たちの霊魂が、死なない存在であることを知っています。死ぬことは、車が動かなくなったときドライバーが車から降りるように、「霊魂」が肉体から脱け出すだけのことだと考えています。

しかも、死がすべての終わりではなく「霊魂」の故郷である「霊界」に戻ることであって、新しい「霊魂ライフ」のはじまりなので、むしろ少しワクワクするのです。もちろん、死んだ後は、「幽界」に留まることなく、迷わず、まっすぐ「霊界」目指して進んでいきます。

（３）では、難病の人を治してしまう奇跡のヒーラーについて考えてみましょう。

ヒーラーとは、医者でもないのに、不思議な力で病を治癒《ちゆ》させる人のことです。

実例を挙げましょう。ブラジルでジョン・オブ・ゴッドと呼ばれて、現存するヒーラーで最強と言われている、ミディアム（＝霊媒師《れいばいし》）・ジョアオという人がいます。彼は、読み書きもできず、医学の知識もないのに、48年間で800万人もの人々のさまざまな病を癒《いや》しました。

人々の病を癒したのは、実は彼ではありません。トランス状態になった彼の肉体に、昔亡くなった高名な医者や欧米では有名な聖人、聖イグナチオや聖フランシスコ・ザビエルなど37人にもおよぶ「霊」が降りてきて治療したのです。ジョアオは、治療のあいだトランス状態だったので、目覚めても何が起こったのか、何をしたのかについて、何も知りません。

聖イグナチオも、聖ザビエルも16世紀の初頭に実在した人物で、ザビエルは宣教師として日本に来たこともあります。私たちも知っている歴史上の人物が、５００年後の今、指導霊《マスター》として霊界から降りてきて、霊媒体質《れいばいたいしつ》のジョアオの肉体を借りて、**病気などで苦労している地上の人間**を助けてくれているのです。

もう一つ、実例を挙げましょう。20世紀最大の奇跡の人と言われているエドガー・ケイシーもまったく同じケースと言えます。彼は、小学校しか出ていないのに、眠ったまま、医学の専門用語を駆使《くし》して、病気の原因を正確に指摘し、どんな医者でも考えもつかない治療法を示して、完治させました。しかし、彼は、目覚めたとき、自分の言ったことを何も覚えていなかったのです。彼の場合も、複数の指導霊《マスター》（医者など）が彼の身体に降りて、診断し、指示を出していたのです。

このようなことは、「肉体派」にとっては驚きでもあり、胡散臭《うさんくさ》いと受け止めることでしょう。

しかし、「霊魂派」から見れば、肉体は「霊」が運転する車であり、ドライバー（霊）が一時的に交代したことによって起きた現象だと考えるので、納得できるのです。むしろ、この現象は、人間の正体が「霊」であることを、見事に証明している事例だと受け止めるのです。

ジョアオやケイシーに降りてきたような、人を導き、癒してくれる指導霊のことを、欧米ではマスターと呼びます。仏教の菩薩《ぼさつ》にあたる彼らは、輪廻《りんね》転生《てんしょう》を卒業したレベル（三次元に降りて肉体を持って霊格を磨く必要がないレベル）に達しているのです。にもかかわらず、自分から望んでこの世に降りてきて、**いまだに人間の本質に気づかず、悩み、苦しんでいる人**を救済に来ている、霊格の高い「霊」なのです。

一般に霊媒体質の人には、幽体や霊体が降りやすいものです。幽体が降りることは歓迎できないことですが、たとえ降りてきたのが霊体といえども、下層界から上層界まで何段階もあるのですから、レベルの低い霊体が降りて来る場合もあります。ですから、手が勝手に文章を書く自動書記の現象が起きたとか、神の声が聞こえてきたからといって、すぐに有頂天になるのは危険です。

　ジョアオやケイシーに共通していることは、治療をおこなっているときの記憶がまったくないということです。また、自分に代わって「神のような存在（実は指導霊）」がおこなっているのだから、自分がお金や名誉を受け取ることは間違っていると考えていたことです。この考え方は、とても重要なことです。霊能者と称して多額の謝礼を要求する人は、高級霊が降りているとはとても思えませんね。近寄らない方が賢明でしょう。

　レベルの高い霊とコミュニケーションを取った代表例の一つは、自動書記で「神との対話」を著した、ニール・ドナルド・ウォルシュでしょう。彼自身の霊格も高いと思われます。

（4）最後に、超能力や気功の気という力の源泉について考えてみましょう。

金庫のなかに入っている紙の文字を外側から透視して読んだり、アメリカにいながら、行ったこともない日本の田舎町に潜《ひそ》んでいる行方不明者の居場所を正確に指摘したり、何もない空中から指輪を出したりする能力は、一般に、超能力とされています。また、手も触れずに人を投げ飛ばしたり、手術をするのに麻酔をかけることなく、手をかざすだけで手術を可能にしたりするのは、気功の気の力と言われています。

これらの現象について、科学はまったく説明できません。「肉体派」は、インチキではないのかと疑うでしょう。そうでないとしたら不思議で、説明がつかず、わけがわからないからです。

しかし「霊魂派」は、もともと、すべての「霊」は、私たちが超能力と呼んでいる力を持っているということを知っています。五次元の「霊」が三次元の肉体をまとうと、重いヨロイを着たような状態なので、**霊本来の力**が大きく制限されてしまうのです。にもかかわらず超能力を発揮する人は、修行などによって、その人の**霊本来の力**が部分的に発揮されたのだと受け止めます。ヨロイを着ているにもかかわらず、**霊本来の力**を自由自在に発揮したのが、イエス・キリストや釈迦だと考えます。

どうでしたか。「肉体派」と「霊魂派」の考え方はこれだけ違うのです。天動説と地動説にたとえた理由をおわかりいただけたことと思います。ですから、私たちは肉体を主人と考える「肉体派」から、霊魂を主人と考える「霊魂派」に変身すること、別の表現をすると、**肉体の視点**と**霊の視点**を両方持つことが重要なのです。さらに言うと「宇宙からの視点」を持つことも、とても重要なのです。私たちには、このちっぽけな地球だけがすべてではないのです。地球は、宇宙に数えきれないほどある惑星の一つに過ぎません。

目に見える宇宙（三次元の宇宙）のおおよそのイメージ図を描いてみました。その広大さがわかると思います。しかも、三次元の世界を包み込んでいる五次元以上の世界は、その何倍もあるのです。

とは言え、まずは、宇宙からの視点で、地球を見てみましょう。国境などはもちろん見えません。青く美しい星が見えるだけです。私たちはこの星に住む家族なのです。勝手に国境を作り、国と国が戦争をするなんて、本当に愚かなことだと、心の底から感じることでしょう。

霊魂はこのような広大な宇宙が活躍の舞台なのです

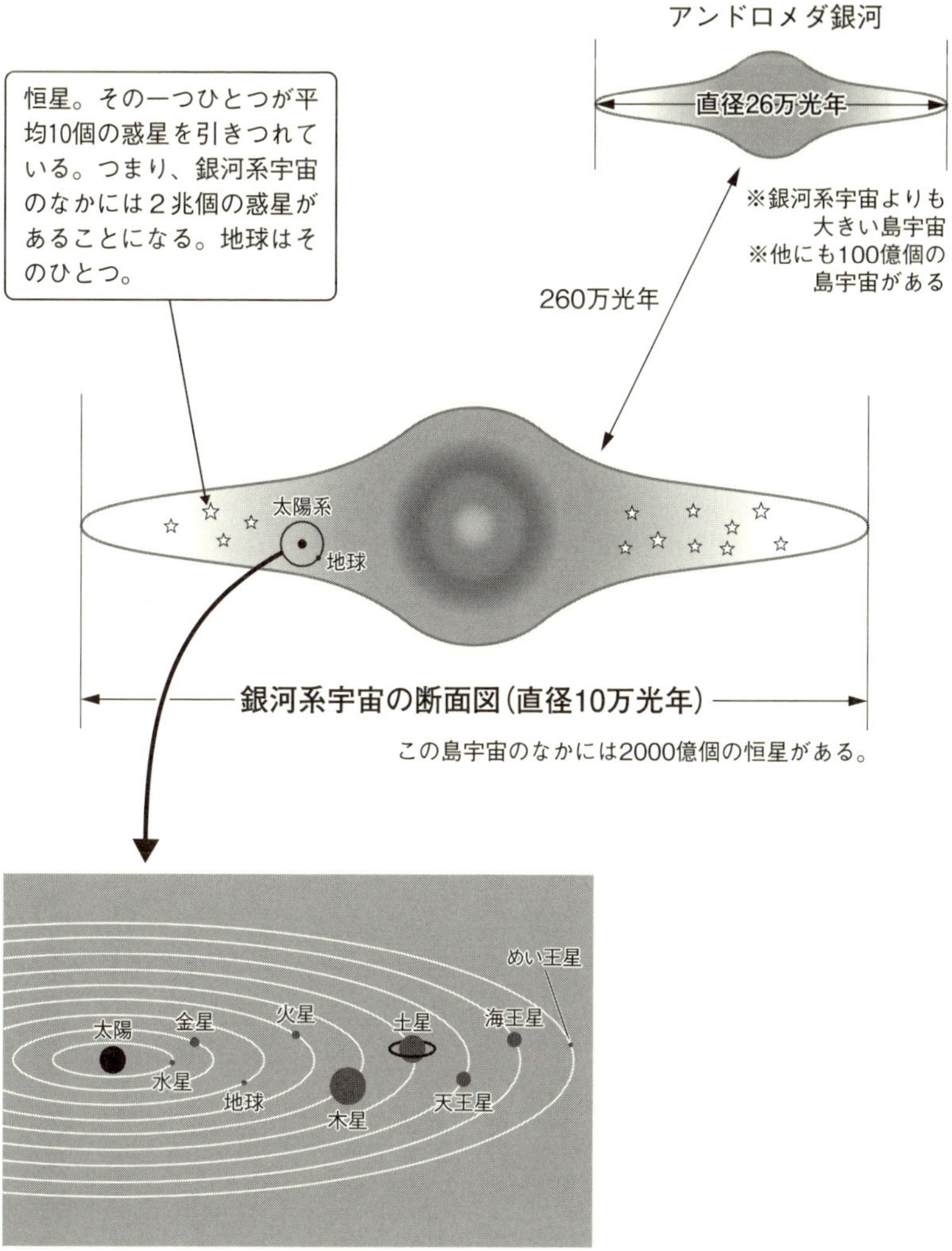

私たちの太陽系

第4章　私たちの正体が「霊」であるという はっきりとした証拠はあるのでしょうか

これまで、「霊」と「魂」を一緒くたにして「霊魂」と呼んでいましたが、もう少しくわしく言うと、「霊」は「幽体」と「霊体」を含みます。「幽体」は「霊体」にレベルアップする前の段階です。「幽体」は、**肉体を脱ぎたての状態**と考えて下さい。「幽体」も「霊体」も、私や貴方《あなた》のように、一人ひとり、個性を持っています。ところが、「魂」は「霊」の奥にあって、**全人類共通**で、個性はありません。つまり、**完全に平等**ということです。

例外はありません。このことはあとで述べますが、とても大切なことです。
では、私たちの正体が「霊」であることの証拠を探してみましょう。

〈証拠その1〉「幽体離脱現象《ゆうたいりだつ》」が証拠のひとつです。

世界各地で、「幽体離脱」という現象が報告されています。特に、一度死んで生き返ったという「臨死体験《りんしたいけん》」をした人に起きた幽体離脱現象が、よく知られています。

つまり、医師立ち合いの上で、心肺停止《しんぱいていし》になって確かに死んだのに、生き返ったという現象です。医学の常識では、心肺停止して10分以上経つと、生き返る可能性はゼロとされています。それが、30分も1時間も経って、生き返ることがあるのです。そうやって生き返った人が世界中に数多くいて、その人たちが**死んでいたとき**の報告をするのですが、そのなかに共通点がたくさんあるのです。
たとえば、
① 気がつくと自分は天井あたりに浮かんでいて、手も身体もあるし、眼も見えるし、耳も聞こえていた。下を見ると、自分の身体はベッドに寝ていて、妻や子供たちが集まって泣いていた。「ここにいるよ」と言っても、彼らには聞こえないようだった。
② トンネルのようなものがあって、向こうに光が見えたので、そちらに飛んでいった。
③ トンネルを抜けると、川やお花畑があった。
④ 向こう岸に、亡くなった父や祖母の顔が見えた。
⑤ 向こうに行こうと思ったが、うしろから、自分の名前を呼ぶ声が聞こえた。気がついたら、自分の身体に戻っていて、ベッドに寝ていた。

ではここで、2008年に実際に起きた、日本での「臨死体験」の実例を紹介しましょう。

ヨガの大家で、記憶術日本一のタイトルを持つ藤本憲幸氏が、61歳のときにジムで倒れ、心肺停止になったのです。生き返るまで、1時間50分も心肺停止状態が続いたのです。そのあいだ、彼は「幽体」として、前述した「臨死体験報告」と同じような体験をしました。

さらに彼は、人間が死後、幽体になるという知識を持っていたので、こんなことはめったにないチャンスだと思い、屋根を透過できることを確認したり、積極的にいろいろ試してみたのです。そして、視力や聴力が肉体のときより何倍にもなっていることや、ベッドのそばにいる息子の近くに行こうと思ったとたん、そばに瞬間移動しているという、時空を感じない、不思議な感覚なども体験しています。

それらの報告のなかに、注目すべき報告があります。

「（肉体を離れ、幽体の状態のとき）ものすごい安心感に包まれていました。執着心《しゅうちゃくしん》が一切消え、何よりも大切なはずの家族に対しても執着心が起きてこないのです。ただただ嬉しくて楽しい。暖かい愛に包まれて、苦悩や悩みはなく、重いヨロイを脱いだかのよう。なんだ、みんな死んだら悟るんだと思いましたよ」その後、彼は、自力で、自分の幽体を肉体に戻し入れて、生き返りました。（『ムー』２００８年９月号より）

余談ですが、「般若心経《はんにゃしんぎょう》」の末尾の「掲諦《ぎゃーてい》　掲諦《ぎゃーてい》　波羅掲諦《はらぎゃーてい》　波羅僧《はらそう》掲諦《ぎゃーてい》　菩提薩婆訶《ぼじそわか》　能除一切苦《のうじょいっさいく》　真実不嘘《しんじつふこ》」は、悟るための修行をする機会のない庶民にプレゼントされた真言《しんごん》（真理を示す言葉）です。意訳すると、「あの世に行った（死んだ）ときに、悟れるよ。これは一切の苦を除いてくれる本当の真言だよ」です。藤本氏の体験と彼が感じたことは、真言の教えと見事に一致しているように思われますね。

このような「幽体離脱現象」から、肉体が死ぬと、「霊」は肉体から離れ、「霊」が肉体に戻ると生き返ることがわかりましたね。ということは、「霊」こそが、私たちの「命」そのものだということになりますね。ビックリですね。（くわしくは、拙著『命の不思議探検』、『宇宙から見た般若心経』をご参照下さい）

〈証拠その2〉「霊」は空からお母さん目がけて飛んで来て、お腹に入る。

私たちは、お母さんから生まれて、**おぎゃー**と言ったときから人生がはじまり、死んだときに終わるのだと親や社会から教わってきました。これは、間違っていたのです。何しろ、私たちの正体は「霊」であり、生まれる前から生きていて、死んだあとも、死なない存在だったのです。死んだら終わりではなかったのです。

それにしても、「霊魂」が肉体をまとうタイミングはいつなのでしょう。

横浜に、池川明という内科・産婦人科の医師がおられます。先生は、胎児が記憶を持っているという現象を、地道に調査してきた「胎内記憶」研究の第一人者です。

10年以上かけて、３０００人にも及ぶ幼児とそのお母さんにインタビューし、子供たちが、生まれる前の記憶を持っていることを突き止めて、赤ちゃん学界で発表したのです。

言葉がしゃべれるようになった2歳前後から、子供たちは、胎内での記憶はもちろん、生まれる前のことも話してくれるのですが、何と、「空の雲の上からお母さんを選んで、お腹に入った」などと話すのです。しかも全国各地で、縁もゆかりもない多くの子供がみな一様《いちよう》に同じ表現をするのです。

２０１７年4月に、日本サイ科学会（超常現象や超能力などを科学的に研究する学会）で、「子供サミット」と名づけられた「講演とたいけんトーク会」がおこなわれました。池川先生が全国のお母さんに声をかけ、10人の子供たち（3歳～14歳）に来てもらいました。池川先生の「胎内記憶」の講演と、子供たちが自由にたいけんを話してもらうという会でした。

リード役は、池川先生と、たいわ士の南山みどりさん（胎児と対話ができる能力をもっています）でした。私もお二人と一緒に、この会の提案者兼主催者として参加しました。

子どもたちがポツリポツリと話してくれたことは、衝撃的でした。「空の雲の上からお母さんを選んで、そこから飛んできて、お母さんのお腹に入ったんだよ」と言うのは、みな、ほとんど同じ表現ですが、なかには、「お母さんが中学生のころから見ていたんだよ、こんなマンションの4階に住んでいたね」などと絵をかいて説明する子供もいたのです。また、「前の人生では、地球とは違う別の星に住んでいた」と言う子もいました。

もっとも衝撃的だったのは、南山みどりさんの二男のジュン君の生まれ変わりの話でした。

ジュン君は、1996年に21歳で自死したのですが、8年後の2004

年に、みどりさんの孫として生まれてきたというのです。つまり、みどりさんの娘いずみさんの息子のカズヤ君が、ジュン君の生まれ変わりだというこことです。いずみさんはジュン君の妹でした。カズヤ君が1歳を過ぎてことばが話せるようになると、おばあちゃんのみどりさんのことをママと呼び、自分のお母さんであるいずみさんをイーちゃんと呼んだのです。何と、ジュン君が生きていたとき、彼は妹のいずみさんをイーちゃんと呼んでいたのです。

みどりさんは、カズヤ君のいろいろなしぐさがあまりにも亡くなったジュン君に似ているので、つい、「カズはジュンなの?」と聞いてしまったのです。すると「ママから生まれたときはジュンだったけど、今はカジュだよ」と3歳のカズヤ君が答えたそうです。

また、当日参加してくれた子供たちのなかに、マサトシ君、ハルカちゃん、ソウシ君という3人兄弟がいました。彼らはあの世にいたとき、ジュン君と出会い、仲良くしていたのです。彼ら4人は「地上（地球）に生まれたときは、家族になろうね」と約束をしたそうです。そして、約束とはちょっと違いましたが、3人は家族となり、彼らは2008年にカズヤ君とも再会を果たしたのです。

さらに、彼らは、**前世での自分の行為**を反省するための「反省部屋」に入った仲間でもあって、「反省部屋は大変だったよね」という、大人には理解できない会話をしていたことを、みどりさんや同席していた6人の大人たちが聞いています。

以上、かなり省略して書いていますが、「ジュン君の生まれ変わり」については、「魂」を科学的に探求している中部大学の大門正幸《おおかどまさゆき》教授が、2

016年末に、「同一家族内の生まれ変わり事例」という論文（英文）を発表しています。また、池川先生の講演と子供のたいけんトーク会を記録したDVD「生まれる前の記憶を持つ子供たちの『子供サミット』」（日本たいわ協会）がありますので、ご参照ください。

いかがですか。子どもたちの驚くべき発言はまだまだたくさんあるのですが、ひとつ面白い発言をお伝えしましょう。会場に来ていたある大人の男性が「宇宙人だったことはありますか、あるいは宇宙人に会ったことはありますか」という質問をしたのです。子供たちは顔を見あわせていましたが「宇宙人は知らないけど、その星の住人には会った」と答えたのです。これも、すごいことです。

ちっぽけな地球という星の表面に住んでいて、「地球以外は、宇宙だ」

と考えている大人には発想もできませんが、彼らは、自分の体験だから、見た事実をそのまま素直に話しているのですね。

私たちは地球星人と言うべきなのですね。そして、私たちも、霊魂に戻れば、宇宙が私たちの活動の舞台だということですね。

この子供たちの発言から、以下の多くの事実が見えてきます。

① あの世（霊界、五次元以上の見えない世界）があって、そこに子供たちはいた。

② 子供達は、受精卵ができる前から、お母さんを選んでその子供になることを決めていた。

③ この世（目に見える三次元の世界）の、お母さんのお腹目指して飛んできて入るまでは、肉体を持っていなかった。しかし、顔や体を確認で

きる霊体を持っていた。さらに霊体は、それぞれの持つ**前の人生の経験**も異なっていたので、一人ひとり個性を持っていることがわかった。この、個性を持っているということは、**霊性を磨く**という意味で大変重要。

④　お母さんのお腹に入るタイミングは、池川先生の調査によると、受精卵のときもあれば、妊娠4か月目ごろとか、生まれる直前とか、その子によって違う。これも重要な情報。（この問題は心についてお話しする第8章で、さらに深く解説します）

⑤　それぞれ自分の**前の人生（前世）**について、「反省部屋」に入って反省することがあるとわかった。「反省部屋」は、強制されて入るのではなく、あくまでも、個人の自由意思に任されているという。

⑥　ジュン君が自死した後、ジュン君の「霊魂」は、あの世（霊界）に戻り、「霊魂ライフ」に入っていた。そして、自死をしたことで、みどり

さんをはじめ、周りの人を悲しませたことを**反省部屋**に入って深く反省した。そして、もう一度みどりさんの家族として戻ることによって喜んでもらいたい、という目的を持って、生まれ変わってきたということ。

子供たちの証言によって、霊界（五次元の世界）にいた「霊」が、自分の意思で地球上（三次元の世界）に降りてきて、三次元の肉体をまとったという順序がはっきりしましたね。

以上、二つの証拠、「幽体離脱現象」と「子供たちの生まれる前の記憶の証言」で、私たちの正体が「霊」であることが明らかになりました。

「霊」は不死の存在で、常にいるところは、霊界なのですね。何百年か何千年かはわかりませんが、霊界で「霊魂ライフ」をおくっていて、ときどき、ほんの50年か100年という短い期間だけ、何かの目的を達成するため、または、何かの事情（カルマ：後ほど解説します）を解消するために、この世（三次元の世界）に来て三次元の肉体をまとうのですね。

そして、肉体がその機能を保てなくなったら、離れて、また、あの世に帰るのですね。

第5章　「神」はいるのでしょうか。もしいるのなら、どんな姿《すがた》・形《かたち》なのでしょう

もちろん、います。アインシュタインや遺伝子の第一人者の村上和雄教授など、世界一流の科学者が本音を述べた随筆や著書のなかで、「科学ではどうしても解明できないことがある。そこには、大いなる意思、神の存在を認めざるを得ない」と述べています。でも、神には姿・形はありません。言葉で表現するのはとても難しい存在ですが、あえて言うなら、見える世界も見えない世界も含めて、すべての宇宙をつくった、「唯一の存在」

です。そして、その「宇宙のすべてにくまなく存在している」存在です。「絶対の意思」であり、「愛」であり、宇宙を支配している「法則」——原因をつくれば必ず結果を伴い、その結果には報《むく》いがあるという「因果律《いんがりつ》」——そのものであるとも言えるでしょう。第9章で紹介します塩谷信男《しおやのぶお》医師は、「正心《せいしん》・調息法《ちょうそくほう》」のなかで、神のことを「宇宙無限力」と表現しておられます。とてもいい表現だと思います。

とにかく、宇宙に浮かんでいるすべての星々も、植物や動物や、私たちも含めて、宇宙人などの生命体もつくったのですから「創造主」という表現が適切でしょう。いろいろな宗教のいろいろな神々とは違うようですね。ちなみに、仏様は、釈迦牟尼仏《しゃかむにぶつ》（お釈迦様）や阿弥陀仏《あみだぶつ》（阿弥陀様）などたくさんいるので、ここでの「神」ではありませんね。

ところで、前に、私たちの「霊魂」の「魂」の方は**人類共通**で、個性はなく、**完全に平等で、例外はない**と述べました。この私たちの「魂」こそ、「創造主＝神」の分身なのです。言わば、親子の関係なのです。「親魂《おやみたま》」と「分け魂《みたま》」なのです。「親魂」は無数の「分け魂」をつくり、「無条件の愛」を与えて宇宙に送り出したのです。「親」は「子」にあらゆる体験をして欲しいのです。善いことも、悪いことも、嬉しいことも、悲しいことも、苦しいことも、怖いことなど、どんなことでもいいのです。

輪廻《りんね》転生《てんしょう》を繰り返し、経験を尽くしてレベルアップした「分け魂」は、最終的に、「親魂」と一体になるのです。そして「親魂」もバージョンアップするのだそうです。そのためにこの三次元の世界（この世、「霊」にとっては「仮の世界」）をつくったということになります。私たちは、その「親魂」の思いを実現させている存在ということになります。そう考えると、何だかワクワクして、面白いですね。

肉体と霊魂のワクワクするつながり（イメージ図）

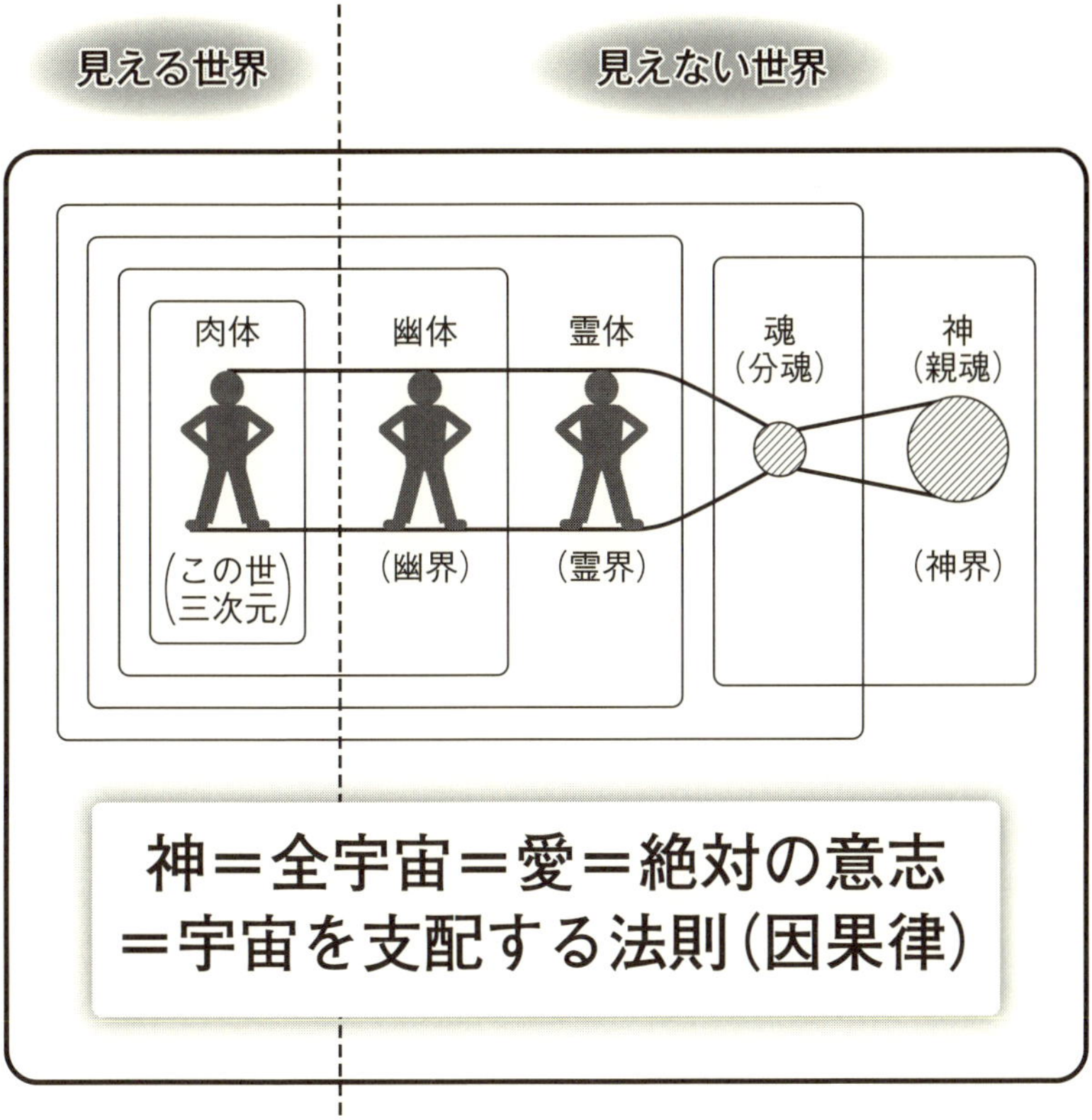

見える世界	見えない世界
物理世界	非物理世界
物質世界	非物質世界
空間あり（たて×よこ×高さ）	空間なし
質量あり	質量なし
光速以下	超高速
時間あり	時間なし

第6章　この世は、なぜ、こんなに不平等、不公平に溢れているのでしょうか

お金持ちの家に生まれたり、貧乏な家に生まれたり、頭がよく生まれたり、そうでなかったり、美人に生まれたり、そうでなかったり、健康優良児に生まれたり、障害を持って生まれたり、男に生まれたり、女に生まれたり、戦争ばかりする国に生まれたり、平和な国に生まれたり、などという、生まれながらの不平等・不公平に溢れているのはなぜでしょう。人生を歩みはじめてからも、なぜ、いじめにあったり、恋人にフラれたり、ガ

ンになったり、愛する人が死んだり、理由もなく殺されたり、などということが起きるのでしょう。幸せになりたいと思わない人はいません。生きがいを求める人も多いでしょう。こんな世のなかには生まれて来たくなかったという人もいるでしょう。

「一度きりの人生」だとしたら、あまりにも不公平で、やりきれない思いがするのは、誰しも同じでしょう。それこそ、神や仏はいるのだろうかと言いたくもなりますね。

ところが、私たちは、今や人生が一度きりではなく、何度もあることを知ってしまいましたね。しかも、私たちの魂は神の分魂《わけみたま》で、**完全に平等**ということも知りました。そして、何よりも、自分の意思でこの世（三次元）に肉体をまといに降りて来るのでしたね。しかも、何らかの「目的」

あるいは、「事情《カルマ》」があって、ほんの50年か100年の人生を体験するため、ということでしたね。

「目的」とは、たとえばジュン君のように、自分が自死をしたせいで、悲しませた家族に生前できなかったことをしてあげて喜んでもらいたいといったものから、人類の戦争をやめさせたいなどという壮大なものなど、人それぞれでしょう。

「事情《カルマ》」とは、神について述べた第5章でも触れましたが、この宇宙を支配している因果律《いんがりつ》という法則のことです。釈迦は**因果応報《いんがおうほう》**と言い、イエス・キリストは**自分でまいた種は自分で刈り取れ**と表現しました。同じことです。具体的には、自分の前の人生でおこなったことを、今生で償うとか、前世でやり残したことをやるとか、これも人それぞれです。

前世にこだわる必要はありませんが、ゲーム感覚で推理することはでき

ます。たとえば、

・子供が欲しいといって、「妊活」をしている女性は、もしかすると、前の人生で、10人もの子供を産んで育てたので、今世は1回休みのプランを立ててきたのかもしれません。

・頭が悪い（と思っている）人は、前世で頭がよくて、やり過ぎたのかもしれません。

・美人でない（と思っている）人は、前世は美人すぎて、つらい人生を送ったのかもしれません。

・障害を持って生まれた人は、今世で三次元の人生は終了して、今後は、三次元に来ることはなく、霊界で過ごすレベルに達しているのかもしれません。

・若くして、ガンなどの難病になった人は、試練を克服して、他の人にはできない大きなことを学ぶために、自分に課題を課したのかもしれません。

・幼くして、虐待を受けている子供は、もしかすると、母親やさらに祖母から続いている**母と子の虐待の連鎖《れんさ》を断ち切る**目的を持って生まれてきたのかもしれません。

・自分の愛する人を殺されるのは、もしかすると、前世で誰かを殺したことがあるのかもしれません。

・貧乏な家に生まれたり、働いても働いてもワーキングプアの状態ということにも、それなりの立派な原因があるのかもしれません。

キリがないので、このあたりで止めましょう。

いずれにせよ、霊の視点で見れば、人それぞれの今世の人生は、ある意味で、自分の体験したいことを実現するための、自分と言う「霊」の計画に基づくものだということになります。

そうだとすると、目の前の三次元の世界（この世）にある**不平等**とか**不公平**などの現象に対して、嘆いたり、愚痴をこぼすことは見当違いであり、「肉体派」の考え方ということになりますね。

「霊魂派」は、自分に起きた不公平や病気などを、むしろ、霊格を磨くチャンス、カルマを解消するチャンスが来てくれたと受け止めて、喜んで、「ありがとう」と感謝して前に進むでしょう。

第7章　「肉体」は、とても精妙にできているのに、騙されやすいのです

これまでの探検で、「霊魂」のことは、おおよそのイメージは見えてきたのではないでしょうか。

では、私たちが知っている（と思っている）肉体はどんな存在なのでしょう。先に、肉体は主人である「霊魂」が、運転する車のようなものだ、と言いました。でも、この車は、人間がつくる自動車などとは比べようがないくらい、とても精妙なのです。

例を挙げましょう。たとえば、**暗い夜道で、突然見知らぬ人にナイフを突き付けられたとき**に、肉体には、どんな現象が起きるでしょうか。

心臓は早鐘《はやがね》を打ったように脈拍が速くなり、血圧が急上昇し、呼吸も浅く速くなり、筋肉は緊張して硬くなり、手足などの末端の血流が減少して冷たくなって、震えが起き、汗も出てきますね。同時に、危険から逃れるため、または戦うことに備えてアドレナリンというホルモンを分泌して、肝臓に命じて脳のエネルギー源となるブドウ糖を血液中に放出させ、脳をフル回転させるのです。

殺されるかもしれないという恐怖（心の反応）に対して、身体は一瞬のうちにこれだけの反応を起こしているのです。すごいことですね。本人が身体の各部分にひとつひとつ命令しているわけではありません。自律神経のなせるわざです。

自律神経は「血圧」や「血糖値」、「脈拍」、「体温」、「内臓の動き」、「体内のＰＨ《ペーハー》調整」（体液が酸性になったらアルカリ性に戻すなど）などをコントロールしています。

また、自律神経には、「交感神経《こうかんしんけい》」と「副交感神経《ふくこうかんしんけい》」の２系統があります。

怒ったり、命の危険を感じたり、忙しく働いたり、勉強したりして、緊張しているときには「交感神経」が支配権を持ちます。

反対に、好きな音楽を聴いているときや、寝ているとき、穏やかな気持ちでリラックスしているときには、「副交感神経」が支配権を持っているのです。このときには、病原菌やウイルスなどから体を守る免疫の働きも活発になります。眠っているときは、「肉体の修復」（生まれたての小さなガンや炎症を分解し、手術やケガなどによる傷を修復するなど）、「成長」

（細胞を増やす）、「新陳代謝《しんちんたいしゃ》」（古い細胞を新しい細胞に取り換える）をおこなっています。

このような、肉体が持っている力は、「恒常性維持機能《こうじょうせいいじきのう》」とか「自己治癒能力《じこちゆのうりょく》」などと呼ばれています。

このほかにも、知覚神経系（痛いとか熱いとか）や運動神経系（歩くとかモノをつかむとか）などが肉体には備わっています。

このように、肉体は心と密接に絡まりあって、心の動きに、体が一瞬で反応するのです。

ところが、逆にこの精妙である肉体は、面白いことに、結構、騙されやすいのです。それも、悪い方にも、いい方にも、すぐに騙されるのです。

例を挙げてみましょう。

・子供のころ、転んでひざをすりむいたときに、お母さんが「痛いの、痛いの、飛んで行け」と言ってなでてくれたら、痛くなくなったという経験は誰しもが持っているものと思います。そこに傷はあるのに、痛みは消えたのです。

・催眠術師が、被験者の手のひらに10円玉を置いて、「10円玉がだんだん熱くなる。熱くなって持っていられなくなる」と言うと、被験者は熱さを感じ、熱さに耐えられなくなって、放り投げてしまいます。すると、手のひらには、火傷をしたのと同じ火ぶくれができていたのです。

・小説家の森瑤子《ようこ》さんが、カクテルドレスが着れないくらいに、太ってしまったのです。そこでパーティの3週間前から、そのドレスを目に見える壁に懸け、毎日そのドレスを着てパーティに出ている自分をイメージし続けたのです。すると、パーティ当日、そのドレスを着ることができたと随筆に書いています。

このような例は無数にあります。肉体は、心に、簡単に騙されてしまうのです。この、心と体の関係は大いに活用できそうですね。

第8章　「心」は、肉体と霊魂の、どちらサイドにあるのでしょう

さて、「心」と言う最大の難問が出てきました。「霊活《れいかつ》」においては大変重要な役目を務めます。

「心」は一般に、「顕在意識《けんざいいしき》」「潜在意識《せんざいいしき》」「深層意識《しんそういしき》」などと言われていますが、わかるようでよくわかりませんね。

結論から言いましょう。これまでの私たちの探検で得た情報に加え、宇宙の視点から推理すると、「心」は**肉体サイドの「心」と霊魂サイドの「心」**

の2種類があると言えます。ここで仮に、肉体サイドの心を「**体心**《たいしん》」、霊魂サイドの心を「**霊心**《れいしん》」と名づけましょう。

「**体心**」は、肉体がそもそも持っている「心」です。「霊」が肉体をまとう前から、肉体が持っている「心」です。「子供サミット」で、子供たちが空から降りてきて、お母さんのお腹の受精卵、あるいは胎児に入る前に、既に器《うつわ》となるべき肉体は独自に成長していましたね。人間の肉体は、この地球上のその他の動物と同じなのです。

動物は地球という星で独自に進化してきた「意識体《いしきたい》（心を持った体）」なのです。その証拠に、子宮のなかで受精卵から胎児になるまでに、数週間かけて魚から両生類《りょうせいるい》、爬虫類《はちゅうるい》、哺乳類《ほにゅうるい》の形態を経て、最後に人間の形態になるのです。地球上の動物が35億年かけて進化してきた歴史を忠実に辿《たど》っているのです。

つまり、すべての動物は、「体心」を持って進化してきたということです。一方、空から降りてきて、お母さんのお腹に入る子供たち（霊）も、当然「心」を持っていますね。これを、**「霊心」**と名づけたわけです。

以上が、人間のなかに、2種類の「心」があることの根拠です。

「体心」の代表は、「本能」です。「本能」とは、動物が先天的に持っている、つまり、生まれながらにして、誰にも習わないのに知っている一定の行動様式のことです。例を挙げると、「食欲」「性欲（生殖欲）」「睡眠欲」「死の恐怖に対応する、闘争本能または逃走本能」「母性本能」などです。

この「本能」という「体心」は、地球上で生き延び、進化する意識体にとっては必要不可欠です。第7章で述べた恒常性維持機能《こうじょうせいいじきのう》も自己治癒能《じこちゆのう》力《りょく》も「体心」サイドです。

一方、「霊」は、霊界では、食べる必要もありませんし、セックスも不要ですし、眠る必要もありません。また、死の恐怖もありませんので、争うことも逃げることも不要です。ですから、「霊心」のなかには、「本能」はありません。「霊心」の代表は「ことば」です。言葉を使って意思を伝えたり、小説を書いたり、書物を読んだりする能力です。「体心」にはありません。「数字」を使って複雑な計算をする能力も「霊心」です。「音楽」や「絵画・彫刻」などの「芸術」も「霊心」サイドです。「体心」にはありません。

しかし、その本人が何かの事情で、または、霊格を磨く上で「体心」が獲得した経験や記憶の一部が、「霊心」に影響を与えることもあります。

余談ですが、「般若心経《はんにゃしんぎょう》」のなかでも、**肉体と肉体サイドの心**について述べられているのです。

「色即是空《しきそくぜくう》　空即是色《くうそくぜしき》　受想行識《じゅそうぎょうしき》　亦復如是《やくぶにょぜ》」という、有名な文があります。

　意訳しますと、「この世という仮の世界においては、色《しき》（肉体）は実体のない空《くう》のようなものであり、受想行識《じゅそうぎょうしき》（肉体サイドの心のこと）も同じだよ。あの世に戻れば、すべて解消してしまうのだよ」というような意味です。まさに、「体心」は、あの世に行くと消えると言っているのです。

　ここまで、実例からの考察を重ねてきた私たちには納得できることですが、釈迦は、２５００年前から、明快に教えてくれていたのです。ビックリですね。（くわしくは、拙著『宇宙から見た般若心経』をご参照下さい）

第9章　自分の霊の計画通りの人生とは言え、もっと幸せを感じるための秘《ひ》策《さく》はないのでしょうか

もちろん、あります。

(1)「ありがとう」という言葉は、みなさんが想像する以上に、すごいパワーを持っています。

実例を挙げましょう。

工藤房美さんという女性が、「ありがとう」を10万回言い続けたら、ガ

ンが消えたのです。

彼女は、48歳で子宮がんが発見され、手術もできないほど進行していたので、放射線治療、抗がん剤治療を受けました。ところが、肺と肝臓に転移が見つかり、「余命1か月」と宣告されたのです。

ここから、彼女は「ありがとう」を昼も夜も言い続けたのです。まず自分の健康な目や耳やその他の臓器に「これまで支えてくれてありがとう」、そして、ここがすごいのですが、ガン細胞にも「あなただってこれまで支えてくれたのだからありがとう」と、体のすべての細胞をイメージしながら「ありがとう」を言い続けたのです。すると、10か月後、ガンはすっかり消えていました。実は、「余命1か月」と宣告した医者は、背骨にも転移していたことを房美さんには伝えませんでした。その背骨のガンも消えたのですから、医者のコメントは、「奇跡だ」の一言でした。

あなたが、幸せを感じる人生を望むのならば、この「ありがとう」を活用しない手はありませんね。

「肉体派」は、そんなことあり得ない、偶然だろう、と考えるでしょう。「霊魂派」は、「ありがとう」という感謝の言葉は、「愛」を贈ることと同じだということを知っています。今までにご縁ができた人、お世話になった人はもちろん、あなたを騙した人や、いじめる人、嫌いな人にも、「ありがとう」を贈るのです。毎日朝20分か30分、夜でもかまいません。その日に起きたことにも「ありがとう」を贈るのです。

最初は抵抗があるかもしれませんが、そのうち、嫌いな人にも、困ったことにも、心から「ありがとう」を言えるようになります。その瞬間、自分が変わります。自分が変わると、周りの世界も変わるのです。感謝、つまり「愛」に溢れる世界があらわれるのです。

病気の人は、房美さんのように、自分の病気に「ありがとう」を贈るのです。理屈ではないのです。科学では理解できないことが起きるのです。楽しいですね。このような生き方をすると、**怒ったり、恨んだり、妬《ねた》んだり、自分を否定したり**している暇はありませんね。もちろん**愚痴**《ぐち》なんて思いつきもしませんね。

「ありがとう」という感謝の言葉が、希望に満ちた幸せを産み出してくれるのです。

ちなみに、東洋医学では、心が肉体に影響を与えることを教えています。たとえば、「悲しみ」は「肺・大腸」に、「怒りや恨み」は「肝臓・胆嚢《たんのう》」に、「恐怖」は「腎臓《じんぞう》・膀胱《ぼうこう》」に、「心配や不安」は「胃・脾臓《ひぞう》」に密接に繋がっているそうです。

（2）もうひとつ、頼りがいのある秘策があります。

みなさんよくご存じの「呼吸法」と「イメージング」です。瞑想《めいそう》とか想《そう》念《ねん》とか内観《ないかん》などいろいろな表現がありますが、みな、根っこでは繋《つな》がっているようです。私は、一時、西野皓三氏の道場に通い、それ以来30年近く「西野流呼吸法」を実践してきました。

最近、松江のある会社のS会長から、塩谷信男《しおやのぶお》医師の著書、『宇宙無限力の活用』を贈っていただきました。今年81歳になられたS会長とは、10年近くのおつきあいですが、常々、不思議に思っていたのです。S会長と私は、お会いする機会はほとんどなく、近況報告の電話や手紙のやりとりが主でしたが、報告のたびに、驚かされることばかりなのです。S会長は農畜水産業に水や肥料や飼料の供給をしておられるのですが、画期的発見を次々と成し遂げ、その商品も順調に売れて、健康向上に役立つと喜ばれています。すばらしいお人柄であることはもちろんですが、そのように順調なわけが、『宇宙無限力の活用』を読んでみて納得できました。

同書には、塩谷信男《しおやのぶお》医師が、自身で実践し効果を確かめて完成した「正《せい》心《しん》・調息法《ちょうそくほう》」が紹介されていました。

塩谷医師の「正心」とは、①物事をすべて前向きに捉える②何事にも感謝する③愚痴を言わない。と言うことです。いずれも、私も心がけて実践してきたテーマですので、同感です。

「調息法」は、①息を吸うとき、肺の上部だけでなく、下部まで吸い込む。息を吸うとき、空気だけでなく、全宇宙に満ちている、「宇宙無限力」を吸い込む。②次に息を止めて、肛門をキューッと締めて、丹田《たんでん》に押し込んで、体中に「宇宙無限力」が一杯に漲《みなぎ》るのを感じる。そして、そのときに、実現したいことをイメージング（内観）する。③最後に、息を吐くときは、自分の身体のなかにある、悪いものを全部吐き出すつもりで吐きます。

この呼吸を5回ワンセットで5セット、計25回やるのが、塩谷流「調息法」なのです。

やってみるとわかりますが、25回は、なかなかにきつい回数です。しかし、頑張ってやる価値はあると思います。


塩谷医師は、自身の実例を著書のなかで、たくさん紹介しています。

戦後間もなく、先輩内科医院が3軒もある激戦区に、新参者として内科医院を開いた塩谷医師は、最初にチラシを配るでもなく、診療室で「調息法」を実践しながら、待合室の玄関が患者の靴で溢れかえっている様子を、ありありとイメージングしたのです。これを1週間ほど続けたそうですが、患者は一人も来ませんでした。何しろ、当時は大不況で、3軒の先輩医院も、ガラガラの時代だったのです。それでも、信念を持って続けたのです。ほどなく、一人、二人と患者が来るようになり、1か月も経たないうちに、玄関は靴で溢れ返って、その後も途切れることがなかったそうです。

ここで大変重要なことは、「溢れている」という**完了形でイメージする**ことなのです。「来て欲しい」と**願う**のではありません。ここが、もっとも肝心《かんじん》なことなのです。

もし、自分の身体に不調な箇所があれば、そこの不調が消えて、ニコニコしている自分の顔をイメージするのです。息を止めているあいだですから、その時間は人によって、5秒とか10秒とか、違うでしょうが、構いません。

もうひとつ例を挙げましょう。塩谷医師は、85歳で前立腺肥大が進行しはじめ、尿が出にくくなったのですが、これを「調息法」で治してしまったというのです。「調息法」をしながら、尿がシューッと勢いよく出ている姿をイメージングしたら、1週間ほどで尿がスムーズに出るようになったそうです。前立腺肥大が、手術をしないで治ることは、医者仲間の常識ではあり得ないことで、奇跡だそうです。

この奇跡の出来事の証人は奥さんです。前立腺肥大が進行しはじめてからは、トイレに行こうとすると、奥さんが「トイレ?」と聞いてきて、一つしかないトイレに先に行ったそうです。すっかり治ってしまってからは、この**トイレ争い**は、二人のあいだの笑い話になったと言います。また、塩谷先生の本を読み、自分で「正心・調息法」を実行し、前立腺肥大を治した、バプテスト教会の渡辺という牧師さんがいるそうです。二人は面識がまったくなかったのですから、この方も「調息法」の証人の一人ということになりますね。

このように、塩谷医師は、「宇宙無限力」を活用して、たとえうまくいかないときも前向きに受け止めて、諦めずに実践を重ね、結果として、**望みが叶う人生**を送って、105歳まで元気に生き、自らこの「正心・調息法」の正しさを証明したのです。

「肉体派」は、そんなことで望みが叶うなど信じられない。患者を呼ぶには広告をうったり、病気を治すためには病院に行った方が、よほど効果があるのではないかと考えます。

「霊魂派」は、「呼吸法」と「イメージング」で、健康になることは知っているけれど、もっとすごいことが起きることがわかって嬉しい。自分もやってみよう、と思うことでしょう。

「宇宙無限力」というのは、私が述べてきた、**神＝創造主**そのものと同じです。その子供である私たち（霊魂）が、**霊本来の力**を心から信じれば、望む人生を実現できるということですね。

おわりに

以上、ご紹介した「霊活《れいかつ》」をおさらいしておきましょう。

① 私たちの正体が「霊」であることをしっかり認識して、「肉体派」の「体活」から卒業し、「霊魂派」に変身しましょう。そして「霊活」を実践するために**肉体からの視点と霊からの視点**を持ちましょう。

② 「霊活」の主役は、「体心《たいしん》」ではなく、「霊心《れいしん》」ということになりますね。

③ 今世の人生は、本人（霊）が選んだ人生なのです。したがって、「霊」の視点から見れば、この世に、**不平等や不公平というものはない**ので、愚痴を言うことは、何の意味もないのですね。怒りや恨《うら》みや妬《ねた》みや自分

を否定することは、その人の肉体にとってもマイナスなので、やるべきことではありません。

④**「ありがとう」**という感謝の言葉で、「愛」を大いに贈りましょう。自分の肉体に対しても、好きな人にも、嫌いな人にも、毎日の出来事にも、「ありがとう」を贈りましょう。

相手や周りを変えようとするのではなく、自分が変われば、自分の周りの世界も変わるのです。

⑤「正心《せいしん》・調息法《ちょうそくほう》」で、「宇宙無限力」を摂り入れましょう。「願う」のではなく、「できたという、完了形のイメージング」で、よりよい人生にレベルアップできることがわかりましたね。

「霊活」に適齢期はありません。誰でもできます。努力は必要ですが、超人的な修業など不要です。良いことも、悪い（と思われる）ことも、前向きに受け止めて、ゆっくり、マイペースの「霊活」で、望む人生の実現に取り組みましょう。

２０１７年11月吉日

徳永康夫　拝

●参考文献

塩谷信男著『宇宙無限力の活用』（東明社）
ニール・ドdナルド・ウォルシュ著『神との対話』（サンマーク出版）
池川明著『子どもは親を選んで生まれてくる』（日本教文社）
池川明著『ママ、生まれる前から大好きだよ！』（学習研究社）
南山みどり著『わが子が育てづらいと感じたときに読む本』（ビジネス社）
南山みどり著『宇宙チルドレン』（ビジネス社）
ブライアン・L・ワイス著『前世療法』（PHP研究所）
ロバート・A・モンロー著『魂の体外旅行』（日本教文社）
ジョージ・ハント・ウィリアムソン著『輪廻／転生をくりかえす偉人たち』（徳間書店）
ヘザー・カミング、カレン・レフラー著『ジョン・オブ・ゴッド』（ダイヤモンド社）
エマニュエル・スウェーデンボルグ著『私は霊界を見て来た』（叢文社）
友清歓真著『しきしま霊界訪問記』（神道天行居）
喜多良男著『死帰』（鳥影社）

サアラ著『宇宙パラレルワールドの超しくみ』（ヒカルランド）
サアラ著『空なる叡智へ』（ヒカルランド）
カール・セーガン著『エデンの恐竜』（秀潤社）
工藤房美著『遺伝子スイッチ・オンの奇跡』（風雲舎）
西野皓三著『西野流呼吸法』（講談社）
秦西平書『少林寺気功理論』（春秋社）
ロバート・ジャストロウ著『壮大なる宇宙の誕生』（集英社）
徳永康夫著『命の不思議探検』（たま出版）
徳永康夫著『宇宙から見た般若心経』（新日本文芸協会）
ＤＶＤ　胎内記憶　インタビューによる胎内・中間生の話（企画・監修　池川明／オフィス・ハイストーン）
ＤＶＤ　生まれる前の記憶を持つ子供たちの「子供サミット」（日本たいわ協会
http://www.taiwakyokai.jp/）
「２０１６・４・15日本サイ科学会本部例会　池川明医師の講演と子供サミットの記録」（日本サイ科学会）

〈著者プロフィール〉

徳永　康夫（とくなが　やすお）

1942年生まれ。1965年九州大学法学部卒業後、三菱商事入社。1993年、50歳で三菱商事を退社。経営コンサルタントを開始。東洋医学、各種民間療法、アーユルヴェーダ、ホメオパシーなど、また、天文学、宇宙考古学、特殊相対性理論、量子力学、化学、生物学、釈迦の経典、新約聖書・旧約聖書の研究、UFO、超常現象、水、波動、気、輪廻転生などについて独学する。超微小生命体ソマチッドに着目し、2005年に日本ソマチッド学会を設立、理事に就任。2008年、寺川國秀歯科医師らとベックのガストン・ネサン氏を訪ねる。位相差顕微鏡によるソマチッ研究を進めながら、古代ソマチッドが入っている貝化石を主原料とた健康補助食品を製造販売する。

（株）恒常代表取締役。NPO統合医療臨床情報センター理事。介護・寝たきりゼロ推進運動顧問。日本サイ科学会理事。

著書に『命の不思議探検』（たま出版）、『宇宙から見た般若心経』（新日本文芸協会）がある。

活のすすめ

1月18日　初版第1刷発行

夫

部

出版

04　東京都新宿区四谷4－28－20

☎ 03-5369-3051（代表）

http://tamabook.com

振替　00130-5-94804

組　版　一企画

印刷所　株式会社エーヴィスシステムズ

ISBN978-4-8127-0412-7　C0011

ク
ドの
した